고미 타로의 선택 수업

이럴 때 너라면?

고미 타로 글·그림
김소연 옮김

천개의바람

첫 번째 선택

산에 올라갈 거야.
올라가는 방법은 여러 가지가 있지.
힘들 것 같은 방법, 편할 것 같은 방법
빠를 것 같은 방법, 느릴 것 같은 방법.
이럴 때 너라면 어떤 방법을 선택할 거니?

두 번째 선택

갓 구운 빵이 나왔어. 빵집 아저씨는 말했지.
"정말 맛있단다!"
하지만 어쩐지 빵 색깔이 이상해.
너는 빵을 먹어볼 거니?
아니면 먹지 않을 거니?

세 번째 선택

무언가가 있어.
좀 무서울 것 같아.
아니, 어쩌면 무섭지도 않을 수도 있어.
한번 가 볼까? 아니면 다른 길로 갈까?
이럴 때 너라면 어떻게 할래?

네 번째 선택

사람은 다섯인데 과일은 넷.
자, 어떻게 나눠먹지?
흠, 꽤 어렵네.
어떻게 하면 좋을까?

다섯 번째 선택

왠지 좀 무서워 보이는 집이 있어.
자세히 보니 재미있을 것 같기도 해.
계단을 올라가서 문을 두드려 볼까?
그러지 말까?
너라면 어떻게 할래?

여섯 번째 선택

앗, 큰일이다!
병아리들이 모두 도망쳤어.
내버려 두면 돌아올까?
모두 사라져 버리지는 않을까?
이럴 때 너라면 어떻게 할 거니?

일곱 번째 선택

굉장히 느리지만
절대로 떨어지지 않는 비행기와
굉장히 빠르지만
가끔 추락할 때도 있는 비행기가 있어.
너는 어떤 비행기를 타고 싶니?
둘 다 타기 싫어?

여덟 번째 선택

선물을 줄게.
이 중에 하나만 골라야 해.
안을 봐서는 안 돼.
무엇이 들어 있을지 상상해 봐.
너는 어떤 걸 고를 거니?

아홉 번째 선택

앗, 강아지가 떠내려간다!
구해 주고 싶어.
하지만 어떻게 구하지?
너라면 어떻게 할래?

열 번째 선택

이건 모두 약이야.
그런데 약병마다 뭔가가 적혀 있네.
너는 어떤 약을 먹을래? 아무 약도 먹고 싶지 않니?

열한 번째 선택

저쪽으로 건너가고 싶어.
이쪽으로 건너오고 싶어 해.
음, 날 수는 없고
방법이 없을까?
너라면 어떻게 할래?

열두 번째 선택

이게 뭘까?

"귀엽다."

"정말? 좀 기분 나쁘게 생겼는데?"

"그런가?"

"집에 데려가서 키울까?"

"그냥 내버려 두자."

너라면 어떻게 할래?

열세 번째 선택

모두들 재미있게 놀고 있어.
자, 너는 누구랑 놀래?
다른 방으로 가 볼래?

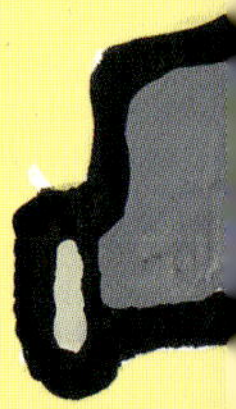

어, 구두가 한 짝밖에 없어!
이럴 때 너라면 어떻게 할래?

Gomi TARO

아이를 향한 부모의 바람, 세상을 향한 아이의 꿈. 천개의바람 은 그 소중한 마음이 담긴 책을 만듭니다.

바람그림책 23 고미 타로의 선택 수업 이럴 때 너라면?

우리 아이들이 수많은 선택과 결정의 순간에 스스로를 믿고 자신감을 갖기 바라는 마음을 담았습니다.

글을 쓰고 그림을 그린 고미 타로는 1945년 일본 도쿄에서 태어났습니다.
공업 디자이너 일을 하다가 그림책 작가가 되었습니다. 그동안 450권이 넘는 그림책을 펴냈고, 볼로냐 국제아동도서전,
독일 세계우수아동도서전 등에서 많은 상을 탔습니다. 기발한 아이디어와 재치가 넘치는 그림책으로 세계 여러 나라의 어린이들에게
사랑받고 있습니다. 작품으로 〈악어도 깜짝, 치과 의사도 깜짝!〉, 〈똑똑하게 사는 법〉, 〈느낌이 왔어!〉 등이 있습니다.

글을 옮긴 김소연은 일본 문학 전문 번역가로 일하고 있습니다. 옮긴 책으로 〈일기 쓰고 싶은 날〉, 〈천 개의 바람 천 개의 첼로〉,
〈산으로 들로 맛있는 딸기 교실〉, 〈영원의 아이〉, 〈마술은 속삭인다〉 등이 있습니다.

고미 타로의 선택 수업
이럴 때 너라면? 아침독서신문 추천, 오픈키드 좋은어린이 목록 추천

펴낸날 초판 1쇄 2014년 6월 16일 | 초판 15쇄 2023년 11월 30일

글·그림 고미 타로 | 옮김 김소연 | 편집 김혜진 | 디자인 디자인포름 | 홍보마케팅 배현석 송수현 | 관리 최지은 이민종
펴낸이 최진 | 펴낸곳 천개의바람 | 등록 제406-2011-000013호 | 주소 서울시 영등포구 양평로 157, 1406호
전화 02-6953-5243(영업), 070-4837-0995(편집) | 팩스 031-622-9413 | ISBN 978-89-97984-23-7 77830

KONNA TOKI KIMINARA DOUSURU by Taro Gomi
Copyright ⓒ Taro Gomi 2013
All rights reserved.
First published in Japan in 2013 by FUKUINKAN SHOTEN PUBLISHERS, INC.,Tokyo.
Korean translation rights arranged with FUKUINKAN SHOTEN PUBLISHERS, INC.
through Gaon Agency, Seoul
Korean translation copyright ⓒ 2014 by A Thousand Hope

이 책의 한국어판 저작권은 가온 에이전시를 통한
FUKUINKAN SHOTEN PUBLISHERS, INC.와의 독점계약으로 천개의 바람에 있습니다.
저작권법에 의해 한국내에서 보호를 받는 저작물이므로 무단전재와 무단복제를 금합니다.
이 도서의 국립중앙도서관 출판시도서목록(CIP)은 서지정보유통지원시스템 홈페이지(http://seoji.nl.go.kr)와
국가자료공동목록시스템(http://www.nl.go.kr/kolisnet)에서 이용하실 수 있습니다. (CIP제어번호 : CIP2014017398)

＊잘못 만든 책은 구입하신 서점에서 바꾸어 드립니다. 천개의바람은 환경을 위해 콩기름 잉크를 사용합니다.
＊종이에 베이거나 긁히지 않도록 조심하세요. 책 모서리가 날카로우니 던지거나 떨어뜨리지 마세요.

제조자 천개의바람 **제조국** 대한민국 **사용연령** 5세 이상